HerbstZeitLese

Herbst

Die Blätter fallen, fallen wie von weit,
als welkten in den Himmeln ferne Gärten;
sie fallen mit verneinender Gebärde.

Und in den Nächten fällt die schwere Erde
aus allen Sternen in die Einsamkeit.

Wir alle fallen. Diese Hand da fällt.
Und sieh dir andre an: es ist in allen.

Und doch ist Einer, welcher dieses Fallen
unendlich sanft in seinen Händen hält.

Rainer Maria Rilke

HerbstZeitLese

Unterhaltsame
Geschichten
und Gedanken

benno

Bibliografische Information der Deutschen Nationalbibliothek
Die Deutsche Nationalbibliothek verzeichnet diese Publikation in der Deutschen Nationalbibliografie; detaillierte bibliografische Daten sind im Internet unter http://dnb.d-nb.de abrufbar.

ISBN 978-3-7462-4149-4

Zusammenstellung: Volker Bauch, Leipzig
Umschlaggestaltung: Ulrike Vetter, Leipzig
Gesamtherstellung: Kontext, Lemsel (A)

Inhalt

Septembermorgen

Im Nebel ruhet noch die Welt,
Noch träumen Wald und Wiesen:
Bald siehst du, wenn der Schleier fällt,
Den blauen Himmel unverstellt,
Herbstkräftig die gedämpfte Welt
In warmem Golde fließen.

Eduard Mörike

Herbsttag

Herr: es ist Zeit. Der Sommer war sehr groß.
Leg deinen Schatten auf die Sonnenuhren,
und auf den Fluren lass die Winde los.

Befiehl den letzten Früchten voll zu sein;
gib ihnen noch zwei südlichere Tage,
dränge sie zur Vollendung hin und jage
die letzte Süße in den schweren Wein.

Wer jetzt kein Haus hat, baut sich keines mehr.
Wer jetzt allein ist, wird es lange bleiben,
wird wachen, lesen, lange Briefe schreiben
und wird in den Alleen hin und her
unruhig wandern, wenn die Blätter treiben.

Rainer Maria Rilke

Rückkehr vom Lande

Nun ist es wieder Herbst geworden, und die Grabenkioske füllen sich zur Abendzeit mit wohlgepflegten und gebräunten Damen.
Man hätte so viel zu erzählen, und man schweigt!
Man ist wieder in diesem Gefängnis „Großstadt".
Man träumt von Licht und Luft und Wasser.
Man war ein anderer, besser, menschlicher.
Nun geht man seinen Trab wie eh und je.
Man fühlt sich altern, schwerfällig werden, klammert sich an dieses unglückselige Wort: „Verpflichtungen"!
Die Wohnung will nicht in Ordnung kommen, und die Dienstboten kündigen.
„Die gnädige Frau war am Land viel netter zu uns –."
Ja, das war sie.
Die Kellner in den Kiosken begrüßen alle Gäste wie Weltreisende, die vielfache Gefahren überstanden haben –.

Nun nehmen sie Soda-Himbeer im sicheren Port! Die Deklassierten, die nicht fort waren, mischen sich in die Menge der Zurückgekehrten, als ob nichts vorgefallen wäre –.
Ja, sie haben sogar die naive Frechheit, zu behaupten, Wien wäre am angenehmsten, wenn alles „auf den Ländern“ weile –.
Damen, mit den veredelten gebräunten Antlitzen, lasst euch nicht betrügen von dem Prunk der Großstadt! Erschauet in den Spiegeln eurer Gemächer einen Zug auf eurem Antlitz, den Licht und Luft und Wasser und Freiheit modelliert haben und der nicht da war ehedem und der verschwinden wird im Wintertrubel!
Komödie hier, Komödie dort vielleicht –.
Doch unter freiem Himmel ist das Theater schöner!

Peter Altenberg

Der herbstliche Garten

Der Ströme Seelen, der Winde Wesen
Gehet rein in den Abend hinunter,
In den schilfigen Buchten, wo herber und bunter
Die brennenden Wälder im Herbste verwesen.

Die Schiffe fahren im blanken Scheine,
Und die Sonne scheidet unten im Westen,
Aber die langen Weiden mit traurigen Ästen
Hängen über die Wasser und Weine.

In der sterbenden Gärten Schweigen,
In der goldenen Bäume Verderben
Gehen die Stimmen, die leise steigen
In dem fahlen Laube und fallenden Sterben.

Aus gestorbener Liebe in dämmrigen Stegen
Winket und wehet ein flatterndes Tuch,
Und es ist in den einsamen Wegen
Abendlich kühl, und ein welker Geruch.

Aber die freien Felder sind reiner
Da sie der herbstliche Regen gefegt.
Und die Birken sind in der Dämmerung kleiner,
Die ein Wind in leiser Sehnsucht bewegt.

Und die wenigen Sterne stehen
Über den Weiten in ruhigem Bilde.
Lasst uns noch einmal vorübergehen,
Denn der Abend ist rosig und milde.

Georg Heym

Herbst?

Warum nicht; es ist ja alles bereit, die Früchte sind groß, und die kleinen Störche sind von den großen nicht mehr zu unterscheiden. Und es gibt da an der Chaussee einen Teil des Parkes, der nicht gefegt wird und nicht geharkt am Sonnabend; dort ist Unkraut, das ganz verbrannt herabhängt, und die halbwüchsigen Kastanien haben viele gelbe Blätter und geben davon eines um eines ab; nicht wenn es stürmt, da nehmen sie sich zusammen und halten, so fest sie können; aber hernach, wenn es so ausholend stille wird, dann streuen sie sich aus, Blatt für Blatt, lauter große, gelbe, verbogene Blätter. Dort gibt es verkommene Disteln mit kleinen violetten, traurigen Köpfen, Disteln, die so, ohne zu überlegen, in die Höhe gewachsen sind, Birken sind dort, die ganz schütter sind, und vielleicht sind sie's den ganzen Sommer gewesen –, aber jetzt sieht es aus, als wären sie mit Absicht und Freude so, und die

Wolken ziehn hinter ihnen, und man sieht alles durch sie durch, was in den Himmeln geschieht. Und es geht so ein nachdenklicher, welker Duft umher wie von Blumen, die die Sonne getrocknet und die der Wind gepresst hat, und es ist Herbst. Und deshalb gehe ich jetzt oft dort auf und nieder und meide den Platz unterm Nussbaum und alle meine sommerlichen Wege; denn ich will den Herbst!
Ist es nicht, als wäre er das eigentlich Schaffende, schaffender denn der Frühling, der schon gleich ist, schaffender, wenn er kommt mit seinem Willen zur Verwandlung und das viel zu fertige, viel zu befriedigte, schließlich fast bürgerlich-behagliche Bild des Sommers zerstört? Dieser große herrliche Wind, der Himmel auf Himmel baut; in sein Land möchte ich gehen und auf seinen Wegen. Und vielleicht hast du ihn auch um dich in deinem heimatlichen Garten und siehst am Morgen sein Bildnis in den Bäumen, die er bewegt . . .

Rainer Maria Rilke

Der Herbst

Schon kömmt auf rauhen Schwingen
Des kalten Winters Bruder.
Der reiche Herbst, geflogen.
Des Nordwinds kaltes Sausen
Durchstreichet schon die Wipfel
Der hohen Birk und Eiche,
Und raubet ihre Blätter.
Es flieht der holde Zephyr
Von halbverwelkten Blumen,
Von Nelken und von Rosen.
Die jugendliche Freude
Eilt mit den muntern Schönen
Von den erstorbnen Auen,
Zum wärmenden Kamine,
Wo sie bei frohem Scherze,
Und angenehmen Tänzen,
Und Anmuts-vollen Spielen,
Und zärtlichen Gesprächen,
Der buntgemalten Früchte,

Des edlen Herbsts, genießen.
Da auch bei rauhem Winde,
Und ungestümen Regen
Sich noch die Schönen freuen:
So sollt ich traurig sitzen,
Und nur allein der Freude
Und stiller Lust entsagen?
Komm, Doris, bring die Schalen,
Voll honigsüßer Früchte.
Doch, bring, den Herbst zu fühlen,
Mir auch die hellen Gläser.
Gefüllt mir süßem Moste,
Und angenehmen Weine.
Komm, lass uns küssend trinken!

Anonym

Herbstzeit

Jetzt ist es Herbst bei dir und du gehst im Wald, im großen Wald, in den man schon weit hineinsehen kann, im Wind, der die Welt verwandelt. Ich denke an den kleinen Tümpel, links vom Dahlemer Weg, der immer ganz groß und einsam wurde um diese Zeit. Ich denke an die Abende, nach denen die Strumnacht kommt, die alles Welke aus den Bäumen nimmt, und denke an den Sturm selbst, an die Nacht, die fliegt, an den Sternen vorbei in den Morgen hinein. In den leeren, neuen, klaren ausgestürmten Morgen … Hier aber ändert sich nichts; nur wenige Bäume verwandeln sich, als ob sie gelblich blühten. Und der Lorbeer bleibt.

Rainer Maria Rilke

Herbst

Der Herbst schert hurtig Berg und Tal
Mit kalter Schere ratzekahl.
Der Vogel reist nach warmer Ferne;
Wir alle folgten ihm so gerne.

Das Laub ist gelb und welk geworden,
Grün blieb nur Fichte noch und Tann'.
Huhu! Schon meldet sich im Norden
Der Winter mit dem Weihnachtsmann.

Joachim Ringelnatz

Lied

Die letzte Sonne des Jahres.
Der letzte Schmetterling.
Violett blüht die letzte Distel,
Da wo ich gehe und ging
Im Vorjahr und all die Jahre
Vor diesem letzten Jahr.
Wieder die Abschiedsvorstellung.
Was ist, was wird und war,
Verschwimmt in eines. Verändert
Bin vielleicht nur ich.
Und eines Herbstes septembert
Es ohne mich.
Die letzte Sonne des Jahres.
Der letzte Schmetterling.
Violett blüht die letzte Distel,
Da wo ich gehe und ging.

Eva Strittmatter

Die fünfte Jahreszeit

Die schönste Zeit im Jahr, im Leben, im Jahr? Lassen Sie mich nachfühlen.
Frühling? Dieser lange, etwas bleichsüchtige Lümmel, mit einem Papierblütenkranz auf dem Kopf, da stakt er über die begrünten Hügel, einen gelben Stecken hat er in der Hand, präraffaelitisch und wie aus der Fürsorge entlaufen; alles ist hellblau und laut, die Spatzen fiepen und sielen sich in blauen Lachen, die Knospen knospen mit einem kleinen Knall, grüne Blättchen stecken für-

witzig ihre Köpfchen … ä, pfui Deibel! … die Erde sieht aus wie unrasiert, der Regen regnet jeglichen Tag und tut sich noch was darauf zugute: ich bin so nötig für das Wachstum, regnet er. Der Frühling –?

Sommer? Wie eine trächtige Kuh liegt das Land, die Felder haben zu tun, die Engerlinge auch, die Stare auch; die Vogelscheuchen scheuchen, dass die ältesten Vögel nicht aus dem Lachen herauskommen, die Ochsen schwitzen, die Dampfpflüge machen Muh, eine ungeheure Tätigkeit hat rings sich aufgetan; nachts, wenn die Nebel steigen, wirtschaftet es noch im Bauch der Erde, das ganze Land dampft vor Arbeit, es wächst, begattet sich, jungt, Säfte steigen auf und ab, die Stuten

brüten, Kühe sitzen auf ihren Eiern, die Enten bringen lebendige Junge zur Welt: kleine piepsende Wolleballen, der Hahn – der Hahn, das Aas, ist so recht das Symbol des Sommers! Er preist seinen Tritt an, das göttliche Elixier, er ist das Zeichen der Fruchtbarkeit, hast du das gesehn? und macht demgemäß einen mordsmäßigen Krach … der Sommer –?
Herbst? Mürrisch zieht sich die Haut der Erde zusammen, dünne Schleier legt sich die Fröstelnde über, Regenschauer fegt über die Felder und peitscht die entfleischten Baumstümpfe, die ihre hölzernen Schwurfinger zum Offenbarungseid in die Luft strecken: Hier ist nichts mehr zu holen … So sieht es auch aus … Nichts zu holen … und der Wind verklagt die Erde, und klagend heult er um die Ecken, in enge Nasengänge wühlt er sich ein, Huuh macht er in den Stirnhöhlen, denn der Wind bekommt Prozente von den Nasendoktoren … hoch auf spritzt brauner Straßenmodder … die Sonne ist zur Kur in Abazzia … der Herbst –?
Und Winter? Es wird eine Art Schnee geliefert, der sich, wenn er die Erde nur von Weitem sieht, sofort in Schmutz auflöst; wenn es kalt ist, ist es nicht

richtig kalt sondern nasskalt, also nass … Tritt man auf Eis, macht das Eis Knack und bekommt rissige Sprünge, so eine Qualität ist das! Manchmal ist Glatteis, dann sitzt der liebe Gott, der gute, alte Mann, in den Wattewolken und freut sich, dass die Leute der Länge lang hinschlagen … also, wenn sie denn werden kindisch … kalt ist der Ostwind, kalt die Sonnenstrahlen, am kältesten die Zentralheizung – der Winter –?

»Kurz und knapp, Herr Hauser! Hier sind unsere vier Jahreszeiten. Bitte: Welche –?«

Keine. Die fünfte.

»Es gibt keine fünfte.«

Es gibt eine fünfte. – Hör zu:

Wenn der Sommer vorbei ist und die Ernte in die Scheuern gebracht ist, wenn sich die Natur niederlegt, wie ein ganz altes Pferd, das sich im Stall hinlegt, so

müde ist es – wenn der späte Nachsommer im Verklingen ist und der frühe Herbst noch nicht angefangen hat –: dann ist die fünfte Jahreszeit. Nun ruht es. Die Natur hält den Atem an; an andern Tagen atmet sie unmerklich aus leise wogender Brust. Nun ist alles vorüber: geboren ist, gereift ist, gewachsen ist, gelaicht ist, geerntet ist – nun ist es vorüber. Nun sind da noch die Blätter und die Gräser und die Sträucher, aber im Augenblick dient das zu gar nichts; wenn überhaupt in der Natur ein Zweck verborgen ist: im Augenblick steht das Räderwerk still. Es ruht. Mücken spielen im schwarz-goldenen Licht, im Licht sind wirklich schwarze Töne, tiefes Altgold liegt unter den Buchen, Pflaumenblau auf den Höhen ... kein Blatt bewegt sich, es ist ganz still. Blank sind die Farben, der See liegt wie gemalt, es ist ganz still. Boot, das flussab gleitet, Aufgespartes wird dahingegeben – es ruht.

So vier, so acht Tage –

Und dann geht etwas vor.

Eines Morgens riechst du den Herbst. Es ist noch nicht kalt; es ist nicht windig; es hat sich eigentlich gar nichts geändert – und doch alles. Es geht

wie ein Knack durch die Luft – es ist etwas geschehen; so lange hat sich der Kubus noch gehalten, er hat geschwankt …, na …, na …, und nun ist er auf die andere Seite gefallen. Noch ist alles wie gestern: die Blätter, die Bäume, die Sträucher … aber nun ist alles anders. Das Licht ist hell, Spinnenfäden schwimmen durch die Luft, alles hat sich einen Ruck gegeben, dahin der Zauber, der Bann ist gebrochen – nun geht es in einen klaren Herbst. Wie viele hast du? Dies ist einer davon. Das Wunder hat vielleicht vier Tage gedauert oder fünf, und du hast gewünscht, es solle nie, nie aufhören. Es ist die Zeit, in der ältere Herren sehr sentimental werden – es ist nicht der Johannistrieb, es ist etwas andres. Es ist: optimistische Todesahnung, eine fröhliche Erkenntnis des Endes. Spätsommer, Frühherbst und das, was zwischen ihnen beiden liegt. Eine ganz kurze Spanne Zeit im Jahre.
Es ist die fünfte und schönste Jahreszeit.

Kurt Tucholsky

Vogelzug

Als die Tage kürzer wurden, sattelte ich jeden Nachmittag mein Pferd und ritt in die Wälder. Ich blieb lange unterwegs und war bei jeder Witterung draußen. Es tat mir gut, den Wettern zu trotzen, und ich erholte mich von einer langen Krankheit.

An manchen Abenden sah, wer aus dem Hause trat, keinen Baum und keinen Pfahl, und alle Dinge waren für ihn in Nacht eingewoben, aber ich sah trotzdem manches, und obwohl mir Schnee und Regen wie Pfeffer und Salz ins Gesicht flogen, war ich guter Dinge; denn meine Stute trug mich durch die Dunkelheit, und ihr Rücken wärmte mich.

Es gab milde Abende, und die Käuze schrien, weil die laue Luft ihnen einen Scheinfrühling unter die

Federn trieb, aber es wurde doch Winter.
Ich sah Damhirsche, Hasen und Rehe, immer wieder Rehe, und einmal sah ich einen merkwürdigen Bock, den die galoppierende Stute aus der Schonung stöberte. Es war noch hell, und der Bock stolperte verschlafen über die Schneise. Er hatte nur ein Horn, und das war verformt und lag wie eine Perücke auf seinem Kopfe. Ach ja, ich sah auch Krähen, Häher und Spechte, und der Schwarzspecht schrie und versteckte sich. Die Ringeltauben weideten in den Fichtenkronen, und ich hörte sie mit den Flügeln klatschen, wenn sie von Wipfel zu Wipfel flogen.
Manchmal schrie ein Erpel auf einem der Seen, und der Wind rieb das Schilf, bis es tönte. Das Seewasser war dunkel wie Tinte, und manchmal war es bunt wie auf Märchenbuchbildern. Von welcher Farbe das Wasser war, hing vom Himmel ab, und es kam auf die Sonne an, wie der Himmel aussah, und es kam wiederum auf die Dichte der Wolken an, ob

die Sonne da war oder nicht – eine Kette von Abhängigkeiten.
In einer Dämmerstunde sah ich einen Zug Vögel nach Süden fliegen. Es waren kleine Vögel, und sie zogen dahin. Ich stand unter ihnen; das Licht des Abendhimmels blendete mich, und ich konnte die Farbe ihres Gefieders nicht erkennen. Ich wünschte mir, daß es Heidelerchen wären, weil ich sie ihres Gesanges wegen liebe.
Es war ein Schlauch aus Vogelleibern. Er flog in schlangenartigen Windungen dahin und ähnelte darin jenen hohlen, vom Wind aufgeblasenen Papierdrachen, die die Chinesen in ihren Festzügen mit sich führen. Wo die flinken Anführer des Vogelzuges aus unerkennbaren Gründen einen Bogen schlugen, tat es auch der Vogelschlauch mit einer erstaunlichen Gleichzeitigkeit aller Vögel.
Ich hielt meine Stute an, denn die Vögel zogen und zogen. Sie nahmen sich aus der Luft über den moorigen Wiesen, strebten dem Walde zu und verloren sich über den Baumwipfeln nach Süden, und es war, als ob vor meinen Augen aus dem Abendschummer immer mehr und neue Vögel entstünden.
Es war kein Laut in der Luft, und ich hörte keinen

Flügelschlag, und die Stille, mit der die Vögel zogen, ließ mich an das Unwahrscheinliche in Träumen denken: Es strömte Vögel aus dem Nichts, strömte und strömte, und als der Strom nach Minuten abriß, schien mir, es müßte im Abenddunst etwas wie eine Spur zu sehn sein, ein Weg, wie ihn wandernde Landtiere hinterlassen.

Aber es war kein Weg zu sehn, obschon man annehmen muß, daß auch die Luft Sekundenteile benötigte, sich an der aufgewühlten Vogelstraße zu ordnen und zu glätten.

Kaum aber mochte das geschehen sein, da stob ein loser Schwarm der gleichen Vogelart vorüber, eine Handvoll Vögel, eine Prise – dem großen Zuge von einem zornigen Riesen nachgewor-

fen. Und die Hand des Riesen hatte dreimal in den WELTVOGELBEHÄLTER gegriffen; denn drei Vogelprisen folgten dem großen Zuge, und der Abenddunst mußte für hunderstel Sekündchen kleine Löcher aufweisen. Die drei Vogelprisen aber schlugen die gleichen Bögen wie der Schlauch aus Vogelleibern vor ihnen, obwohl der ihnen um eine Viertelminute voraus war.
Das alles sah ich, und als sich die letzten Vögel für meine groben Augen über den hohen Kiefern aufgelöst hatten, ritt ich wie einer, der in ein Geheimnis geblickt hat, weiter in die Wälder.

Erwin Strittmatter

Der September

Das ist ein Abschied mit Standarten
Aus Pflaumenblau und Apfelgrün.
Goldlack und Astern flaggt der Garten,
Und tausend Königskerzen glühn.

Das ist ein Abschied mit Posaunen,
Mit Erntedank und Bauernball.
Kuhglocken läutend ziehn die braunen
Und bunten Herden in den Stall.

Das ist ein Abschied mit Gerüchen
Aus einer fast vergessnen Welt.
Mus und Gelee kocht in den Küchen.
Kartoffelfeuer qualmt im Feld.

Das ist ein Abschied mit Getümmel,
Mit Huhn am Spieß und Bier im Krug.
Luftschaukeln möchten in den Himmel.
Doch sind die wohl nicht fromm genug.

Die Stare gehen auf die Reise.
Altweibersommer weht im Wind.
Das ist ein Abschied laut und leise.
Die Karussells drehn sich im Kreise.
Und was vorüber schien, beginnt.

Erich Kästner

Oktobernacht

Ich mache ein Gedicht,
Das aus Schweigen besteht.
Löscht meine Worte aus
Und seht: der Nebel geht
Über die Wiesen. Und droben
Der große Oktobermond.
Die Nacht ist von schreienden
  Hirschen
Und ihren Jägern bewohnt.
Die Nacht ist völlig windlos.
Keine Bewegung im All.
Bis auf die Birken mit ihrem
Lautlosen Blätterfall.

Eva Strittmatter

Neue Erfindung

Hab' eine neue Erfindung gemacht, Andres, und soll dir hier so warm mitgeteilt werden. Du weißt, dass in jeder gut eingerichteten Haushaltung kein Festtag ungefeiert gelassen wird, und dass ein Hausvater zulangt, wenn er auf eine gute Art und mit einigem Schein des Rechtes einen neuen an sich bringen kann. So haben wir beide, außer den respektiven Geburts- und Namenstagen, schon verschiedene andre Festtage an unsern Höfen

eingeführt, als das Knospenfest, den Widderschein, den Maimorgen, den Grünzüngel, wenn die ersten jungen Erbsen und Bohnen gepflückt und zu Tisch gebracht werden sollen, und so weiter.
Nun ist wohl wahr, dass der Sommer und sonderlich das Frühjahr viel schön sind. Gleich wenn der Winterschnee auftauet und man den bloßen Leib der Erde zum ersten Mal wiedersieht, fängt diese Viel-Schönheit an und geht denn immer mit größern Schritten fort, bis Blumen und Blätter aufgeblühet sind und der Mensch vor dem vollen Frühling steht, wie Gleims Kind vor einem schönen Blumenkorb. Und gewiss lehret uns der Früh-

ling Gott und seine Güte sonderlich; denn, wie Freund Fritz sagt, was so zu Herzen geht, muss aus irgendeinem Herzen kommen. Und also sind die Frühlings- und Sommerfesttage gar sehr am rechten Ort, ich habe nichts dawider. Es ist mir aber doch immer schon vorgekommen, dass im Herbst und Winter auch was zu machen wäre, nur habe ich die Sache noch nie recht ins Klare bringen können.
Gestern aber, wie das mit den Erfindungen ist: man findet sie nicht, sondern sie finden uns, gestern als ich im Garten gehe und an nichts weniger denke, schießen mir mit einmal zwei neue Festtage aufs Herz, der Herbstling und der Eiszäpfel, beide gar erfreulich und nützlich zu feiern.
Der Herbstling ist nur kurz und wird mit Bratäpfeln gefeiert. Nämlich: wenn im Herbst der erste Schnee fällt, und darauf muss genau achtgegeben werden, nimmt man so viel Äpfel, als Kinder und Personen im Hause sind, und noch einige darüber, damit, wenn etwa ein Dritter dazukäme, keiner an seiner quota gekürzt werde, tut sie in den Ofen, wartet bis sie gebraten sind, und isst sie denn.

So simpel das Ding anzusehen ist, so gut nimmt sich's aus, wenn's recht gemacht wird. Dass dabei allerhand vernünftige Diskurse geführt, auch oft in den Ofen hineingekuckt werden muss et cetera, versteht sich von selbst.
Und soviel vom Herbstling.
Der Eiszäpfel will nun wieder ganz anders traktiert sein und hat seine ganz besondre Nücke. Mancher denkt wohl: wenn er Eiszapfen am Dache sieht, könne er nur gleich anfangen zu feiern; aber weit gefehlt, es wird mehr dazu erfordert.

Der Eiszäpfel kann durchaus ohne einen Schneemann nicht gefeiert werden, und dazu muss erst Schnee sein und Tauwetter kommen, dass der Schneemann gemacht werden kann, und wenn er gemacht ist und vor dem Fenster steht, muss es wieder frieren, dass Eiszapfen am Dach werden, einer halben Elle lang, nicht länger und nicht kürzer und so weiter. Das sind die Präliminarartikel und die conditio sine qua non.
Was sagst du nun? Gelte, das ist 'n intrikates Fest! Es geht auch mancher Winter darüber hin, ohne dass eins zustande kommen kann. Wenn nun aber obige Umstände alle eingetreten sind und sonst kein merkliches Hindernis im Wege ist, so kannst du denn zwischen drei und vier Uhr nachmittags das Fest angehen lassen, das notabene! von Anfang bis zu Ende mit trockenem Munde gefeiert wird. Nach vier, wenn's dunkel geworden ist, wird eine Laterne in den hohlen Kopf des Schneemannes getan, dass das Licht durch die Augen und den Mund herausscheint – und denn geht Groß und Klein auf und ab im Zimmer und sieht aus dem Fenster unter den Eiszapfen hin nach dem Schneemann und denkt

dabei an einen andern Schneemann, ein jeder, nach dem ihm der Schnabel gewachsen ist, und das ist der höchste Moment der Feier.
Lebe wohl, lieber Andres, und feire fleißig alle Festtage und heilige Abende, bis der rechte Heilige Abend anbricht.

Dein et cetera
Matthias Claudius

Erntedank-Segen

Ich lege alles, was ich hab
an Früchten, hin auf den Altar
und dank dem Herrgott, der sie gab,
für seinen Segen in dem Jahr.

Nicht meine Müh, die Kraft der Hände,
hat Frucht auf Feld und Baum gebracht;
durch Fleiß allein kein Grashalm stände,
und keine Ähr wär heimgebracht.

Hätt Gott uns nicht den Wind geschickt,
dass Ähr und Ähre sich vermählt,
die Erde nicht mit Sonn beglückt,
wir hätten uns umsonst gequält.

Wär der Regen nicht gekommen,
der kühle Tau zur Morgenstund,
hätt die Biene nicht besonnen
die Blüt geküsst mit ihrem Mund,

Henrich e.K.
Schillerstr. 7
63667 Nidda
Tel.: 0 60 43 - 9 60 30
St.-Nr.02886861818

1 11 25.08.2015 11:33 00025

)407.37.6004
rospekthülle A4 10er----- 0,75 EUR

Summe 0,75 EUR

ar bezahlt 1,00 EUR
ickgeld 0,25 EUR
19 % MwSt 0,12 EUR
arenwert Netto 0,63 EUR

Es bediente Sie Fr. Uhl
Vielen Dank für Ihren Einkauf
*** Kein Umtausch ohne Bon ***

wär Feld und Garten, Wies und Strauch,
wär alles, alles, öd und leer,
trotz der Arbeit und dem Fleiß –
auch Brot am Tisch gäb's nimmermehr.

Alles hat uns Gott gegeben,
alles kam durch seine Macht,
alles wuchs durch seinen Segen,
alles hat er reif gemacht.

Drum leg ich alles, was ich hab
an Früchten, hin auf den Altar
und dank dem Herrgott, der sie gab,
für seinen Segen in dem Jahr.

Herbst

Ein satter, leise glühender Oktobertag. An den Hügeln leuchteten die Weinberge goldgelb, die Wälder spielten in den zarten, bräunlich metallischen Farben der Laubwelke, in den Bauerngärten blühten Astern von allen Arten und Farben, weiße und violette, einfache und gefüllte. Es war eine Lust, durch die Dörfer zu schlendern. Ich tat es, Arm in Arm mit meinem damiligen Schatz, ein paar unvergessliche, selige Tage lang.
Überall roch es nach reifen Trauben und jungem Wein. Jedermann war draußen beim Lesen oder

Keltern; in den steilen Weinbergen sah man Weiber und Mädchen in farbigen Röcken und weißen oder roten Kopftüchern arbeiten. Alte Leute saßen vor den Häusern, sonnten sich, rieben die braunen, runzligen Hände ineinander und lobten den schönen Herbst.

Freilich, in alten Zeiten hatte es noch ganz andere Herbste gegeben! Man mußte nur die Siebzigjährigen hören. Sie sprachen von fabelhaften Jahrgängen, in denen der Wein so reichlich und so honigsüß gewesen sei, wie es heutzutage gar nimmer vorkomme. Man muss sie reden lassen, die Alten, und in aller Stille die Hälfte davon abziehen. Wenn wir einmal siebzig oder achtzig sind, werden wir von manchem Jahr gerade so reden. Wir werden es im unsäglich köstlichen

Gold der unerreichbaren Ferne sehen und werden unsere Dankbarkeit und unser Altersleid und unser ganzes Jugendheimweh in unsre sehnlichen Erinnerungen mischen.
Nun, es war auch ein wunderbarer Herbst! Wir beiden jungen Leute liefen lachend und staunend mit großen Augen in dem Glanz und der Fülle herum, sahen von Berghöhen jauchzend und schweigend in das reiche, grüne Elsaß und auf den ruhig strömenden Rhein hinab und legten manchen Wiesenweg und manches gute Stück der ebenen Landstraßen Hand in Hand im fröhlichen Tanzschritt zurück. Ernteböller krachten hinter frisch geleerten Obstbäumen, Herbstjuchzer und langgezogene Jodler tönten durchs fröhlich belebte Land. Wir bekamen hier eine blaue Traube, dort eine gelbe geschenkt, hier einen Apfel und dort einen Hut voll Walnüsse, dazu führten wir das landesübliche, herb duftende Schwarzbrot im Rucksack bei uns, so daß wir abends in den Gasthäusern außer dem Wein und der Nachtherberge kaum noch eine Suppe oder eine Rauchwurst begehrten. Und unterwegs, im langsamen, bequemen Dahinwandern, sangen wir alle Lieder, die wir wussten, und

jedes durch alle Verse durch, lustige und traurige, und erzählten einander alle guten und alle dummen Geschichten, die uns einfallen wollten. Mein Mädchen ahmte im Übermut das drollige Elsässer Französisch nach, und ich hatte ein Büchlein Handwerksburschenlieder im Sack, aus dem ich an Rastorten gelegentlich vorlas.
In der Nähe von Kolmar sahen wir am Weg einen alten Mann sitzen, mit dem wir ins Gespräch gerieten. Er war im Weinberg draußen gewesen, wo sein Sohn und seine Enkelkinder die Lese besorgten; nun kehrte er zufrieden, mit langen Ruhepausen dazwischen, auf seinen schwachen, alten Beinen durch den goldenen Oktoberabend in sein Dorf und Haus zurück. Er war offenbar auf seine alten Tage beredt und gesprächslustig geworden. Und wir hörten ihm gern zu, denn er wusste viel, er kannte die alten volkstümlichen Namen von Fluren, Wegen, Brücken, dazu eine Menge Geschichten, alte und neue, Sagenhaftes und Heutiges.
Als ich ihn um sein Urteil über die diesjährige Ernte fragte, kniff er ein Auge ein und meinte: „Nicht schlecht, Herr, gar nicht schlecht. Sogar

gut, möchte man sagen. Aber so ein Herbst, wie der vom Flieger einer war, ist's doch keiner."
„Was ist das", fragte ich, „der Flieger?"
„Kennen Sie die Geschichte nicht? Und die Kapelle auch nicht?"
„Nein. Erzählen Sie uns das noch, bitte!"
„Gut denn. Also da drüben, hinter dem nächsten Wingert dort, steht eine kleine alte Kapelle, die heißt man ‚zum Flieger'. Sie kommen vielleicht noch vorbei."
„Ja, das wollen wir tun. Und die Geschichte?"
„Es ist halt so eine alte Sage. Dort drüben sind schon in ganz alten Zeiten immer Weinberge gewesen. Und da war vor ein paar hundert Jahren ein Weingärtner, dem gehörte der Rebberg dort, wo jetzt die Kapelle steht. Selbiger war ein rechter Mann, fleißig und fromm, er zog die beste Traube in der ganzen Gegend und ging jeden Tag in seine Reben und besorgte jeden Stock so treulich, wie ein Vater seine Kinder. Es ging ihm auch gut und er lebte rechtschaffen und in gutem Rufe. Es hieß auch, die heilige Muttergottes sei ihm besonders wohlgesinnt und habe immer extra ein Auge auf seinen Weinberg.

So trieb er es sein Leben lang und wurde allmählich alt, vielleicht so alt wie ich, wenn ich mich auch sonst ja nicht mit ihm vergleichen darf. Und wie er ganz alt, aber noch bei Kräften war und alles Winzergeschäft noch allein, und ohne Hilfe tat, da kam einmal ein Jahr, das war so gut, wie zuvor und auch später nie mehr eins gewesen ist. Im Frühjahr keinen Frost, im Sommer keine Dürre, im Herbst keine Kälte und wenig Regen. Alles gedieh ganz wunderlich, am meisten aber die Reben, und am herrlichsten gediehen sie im Rebberg dieses alten Mannes.

Er tat auch redlich das Seinige dazu, war früh und spät im Geschirr und sparte keine Mühe, bis jeden Tag alles richtig und in guter Ordnung war. Dabei sah er mit Erstaunen dem ungewöhnlichen Wachstum zu, wie mit jedem Monat Sonne und Regen und alles so zur rechten Zeit da war, und wie unter dem gesunden Laub die Beeren groß wurden.
Im Herbst ging dann der alte Mann tagtäglich auf seinem Grundstück von Rebe zu Rebe, die hingen voll von großen, vollkommenen Trauben, und keine einzige Beere fiel vor der Zeit vom Stiel oder wurde faul. Da betete er oft und dankte der heiligen Jungfrau, betrachtete seine Weinstöcke, und manchmal sagte er, bei seinen hohen Jahren wäre es das beste, in einem solchen Wunderherbst zu sterben, denn schöner werde er doch kein Jahr mehr sehen.
Das dauerte, bis die Trauben Farbe bekamen und dann allmählich anfingen, reif zu werden. Der Winzer wartete fröhlich und geduldig die volle Reife ab, vorher pflückte er nicht ein Beerlein ab. Aber wie es dann so weit war und jedermann in die erste Lese ging, da stieg er auch in seinen

Weinberg hinauf, beschwerlich und langsam, mit der großen Butte auf dem Rücken. Und droben nahm er seine Kappe ab und dankte Gott und der Jungfrau.
Dann suchte er sich freudig den vollsten Rebstock und an dem die schwerste und reifste Traube aus. Die schnitt er bedächtig ab und hob sie ins Licht. Alsdann brach er eine große, goldene Beere aus und kostete sie. Sie schmeckte so süß und feurig, wie ihm in seinem langen Leben keine geschmeckt hatte, und als ihn diese Süßigkeit durchdrang, hob eine unbekannte Kraft den Alten in die Lüfte, er schwebte hinan, war im Luftreich verschwunden und wurde nie mehr gesehen.
An derselben Stelle hat man jene Kapelle erbaut und so heißt sie ‚zum Flieger'."
Wir nahmen dankend Abschied und gingen weiter, beide der Herbstgeschichte nachdenkend. Nach einer Stunde, im letzten milden Abendfeuer, erreichten wir die Kapelle, standen umschauend davor und legten vor dem Weitergehen ein paar Blumen auf die Schwelle hin.
Wir sagten nichts, aber im Herzen dachten wir beide an den Flieger und taten den heimlichen

Wunsch um ein so schlichtes, köstliches Leben und um einen so süßen, leichten, gottgeschenkten Tod.

Hermann Hesse

Oktoberlied

Der Nebel steigt, es fällt das Laub;
Schenk ein den Wein, den holden!
Wir wollen uns den grauen Tag
Vergolden, ja vergolden.

Und geht es draußen noch so toll,
Unchristlich oder christlich,
Ist doch die Welt, die schöne Welt,
So gänzlich unverwüstlich!

Und wimmert auch einmal das Herz, –
Stoß an, und lass es klingen!
Wir wissen's doch, ein rechtes Herz
Ist gar nicht umzubringen.

Der Nebel steigt, es fällt das Laub;
Schenk ein den Wein, den holden!
Wir wollen uns den grauen Tag
Vergolden, ja vergolden!

Wohl ist es Herbst; doch warte nur,
Doch warte nur ein Weilchen!
Der Frühling kommt, der Himmel lacht,
Es steht die Welt in Veilchen.

Die blauen Tage brechen an;
Und ehe sie verfließen,
Wir wollen sie, mein wackrer Freund,
Genießen, ja genießen!

Theodor Storm

Falllaub

Die Natur ist das Beste, was wir in der Art haben; darum sollen wir von ihr soviel wie möglich Gebrauch machen, und nicht nur in den dazu besonders geeigneten Jahreszeiten, sondern auch jetzt, wo es oft zu Hause entschieden gemütlicher ist als außerhalb unserer vier Pfähle, einmal aus gesundheitlichen Rücksichten, und dann überhaupt und so.

Denn auch augenblicklich, da eine Menge von Singvögeln unbekannten Aufenthalts verzogen ist, andere zwar hier blieben, doch aus nur ihnen

bekannten Gründen auf die Ausübung der Gesangskunst verzichten, da ferner die Schmetterlinge durch gänzliche Abwesenheit glänzen und das, was noch von Blumen da ist, mehr unser Mitleid erweckt, denn unser Herz erfreut, lohnt sich, abgesehen davon, dass wir dadurch unsere roten Blutkörperchen in nützlicher Weise vermehren, ein Spaziergang bei bescheidenen Ansprüchen immerhin, vorausgesetzt, dass nicht gerade Jupiter pladdrius sämtliche Leitungshähne aufgedreht hat.
Wer natürlich Nachtigallen, schweißtreibende Sonnenwirkung, Baumblüte und ähnliche Delikatessen verlangt, soll eine Wanderung durch den Wald ihm das Gemüt laben, der wird nicht auf seine Kosten kommen und tut besser, seinen Koffer

und sich zu packen und den Süden aufzusuchen, wo obengenannte Einrichtungen sich in Permanenz erklärt haben; der Mittelstand kann das aber nicht, und so nimmt er, bescheiden, wie er ist, sozusagen mit einer Mittelstandsnatur vorlieb, freut sich an dem, was ihm geboten wird, und auf das, was später noch kommt, macht sich dabei seine Gedanken und hat auf diese Art ein billiges und bekömmliches Vergnügen. Wie anregend ist zum Beispiel nicht die Verfärbung des Laubes und der Blätterfall? Warum werden die Blätter erst gelb oder rot, ehe sie abfallen? Der Pflanzenphysiologe erklärt das durch gewisse chemische Veränderungen, die in dem Blattgrün vorgehen, und deren Hauptzweck darin besteht, dass im Spätherbste die Säfte der Blätter in den Baum zurücktreten. Na ja, das ist eine naturwissenschaftliche Erklärung, aber um die Natur zu verstehen, genügt die Naturwissenschaft durchaus nicht. Der ernste und besonnene Forscher, den keine metaphysischen Anwandelungen und keine ästhetischen Sentimentalitäten von der geraden, aber etwas langweiligen Bahn der exakten Wissenschaft abbringen, wird Hohn lachen, wenn man zum Bei-

spiel sagt: Die bunte Färbung des Waldes ist eine Art von Fastnachtskleidung. „Übermorgen ist Aschermittwoch, da fängt die magere Zeit an", sagen die Bäume, und die Blätter, die das hören, nehmen sich diesen Wink zu Herzen, schmeißen sich in die verrücktesten Dominos und führen sich auf, als hätten sie Henkell Trocken oder eine andere bessere Flüssigkeit im Leibe, bis sie müde und stark verkatert einen langen Schlaf tun.
Oder aber, wer auf den anthropozentrischen Standpunkt eingeschworen ist, also seine Wenigkeit und seinesgleichen als das zu betrachten gewohnt ist, um das sich die ganze Natur dreht und auf das sie die gebührende Rücksicht nimmt, der wird vielleicht auf den ein wenig nach Einbildung schmeckenden

Gedanken kommen, dass die Natur das so eingerichtet habe, damit der Mensch sich auf den Herbst freue und nicht, sobald dieser seine Visitenkarte abgibt, sich Heulen, Zähneklappern und ähnlichen unerfreulichen und unbekömmlichen Beschäftigungen hingebe.
Wie gesagt, ist dieses eine Theorie, die auf wissenschaftliche Beweiskraft sehr wenig Anspruch machen kann, deshalb ist sie doch sehr hübsch und schon aus diesem Grunde wertvoller als die Feststellung, dass der Mensch von Affen abstamme.
Aber warum verlieren viele Bäumen im Herbst ihr Laub überhaupt, wo doch die Nadelbäume das nicht tun? Tja, das kann man mit der Zweckmäßigkeitstheorie sehr einfach erklären, zum Beispiel, damit die Landleute billige Streu haben, damit kleine Jungens darin bis an die Knie herumrauschen können, damit lyrische Dichter aus ihrer Leier das zum Leben nötige Quantum Herbststimmung herauszupfen können usw. usw. usw. Viel naheliegender aber ist folgende anthropozentrische Erklärung: damit der Mensch einsieht, wie herrlich die Architektur eines Baumes ist, und hingeht und englisiert und kupiert und

verschimpfiert in Alleen und Anlagen die Bäume, damit kluge Leute einsehen können, wie man es nicht machen soll. Ja, das Falllaub, das Falllaub, man kann sich schon allerlei Gedanken darüber machen. Warum zum Beispiel verlieren die Jungbuchen die Blätter nicht im Herbst, sondern erst im Frühling, ehe das neue Laub kommt? Wahrscheinlich, Verehrtester, weil sie in ihrer kindlichen Einfalt nicht fest genug davon überzeugt sind, dass ihnen im Frühjahr auch wieder Blätter geliefert werden, und sie denken: „Was einer hat, das hat er, und was er los ist, kriegt er sobald nicht wieder." Mit der Zeit kommen sie schon dahinter und entledigen sich schon im Herbste der Blätter nach der Väter Weise. Vielleicht behalten sie sie aber in der Jugend auch aus jener kindlichen Eigenartssucht, die junge Dichter, Musiker, Maler und so weiter für ein Zeichen von Genialität halten, bis sie, wenn ihre Haare kürzer und ihr Verstand etwas länger wird, dahinter kommen, dass schließlich Goethe, Beethoven und Böcklin nicht ganz zu verwerfen und schon wert sind, dass man sich ihre Technik ein wenig ansieht. Dann ist ferner da die Geschichte mit der Lärche!

Was ist das nun wieder für eine Sache? Ist ein Nadelbaum, also von Rechts wegen, nach dem einfachsten Koniferenkomment verpflichtet, sich nicht im Herbste gänzlich zu mausern, sondern die Nadeln zu behalten. Fällt ihr aber gar nicht ein, benimmt sich durchaus nicht standesgemäß, zeigt keine Spur von Solidaritätsgefühl, markiert kalt lächelnd das Laubholz und entblödet sich nicht, im Späterherbst Nacktvorstellungen zu veranstalten. Erkläre mir, Graf Oerindur, diesen Zwiespalt der Natur! Nichts einfacher als das! Ausnahmen bestätigen die Regel, sagt das Sprichwort. So ist diese Anomalie schon dadurch erklärt. Ferner kann man sagen: die Lärche weiß, wie hübsch sie auch ohne Nadeln ist. Wer schlägt im Ballsaale alles tot, die dicke Madam mit dem brillantenbesäten Woge- und Wallebusen unter dem langweiligen Doppelkinngesicht oder die Frau, an der nichts brillant ist, außer der Figur und dem Antlitz? Verstanden? Na also!

Nun noch eine Frage: Warum behalten aber die übrigen Nadelhölzer die Nadeln? Ja, da sitzen Sie fest, mein Lieber! Mit der Wissenschaft bekommen Sie das nie heraus, da müssen Sie schon gründlicher zu Werke gehen. Lassen Sie nur die Pflanzengeographie und Physiologie und das ganze übrige botanische Besteck in der Tasche, auch den sogenannten gesunden Menschenverstand, und klappen Sie die Fantasie dafür auf! Sehen Sie, das hilft sofort! Nicht wahr, wenn alle Tannen, Kiefern, Fichten und Wacholder im Herbste sich bis auf die Haut auszögen, zum Umkommen wäre es dann in unseren Gegenden, nicht zum Aushalten wäre es. So aber, wenn über der verschneiten Flur im kahlen Wald grüne Wipfel in der Sonne leuchten, lässt sich die Landschaft schon ertragen, abgesehen davon, dass es doch auch Weihnachtsbäume geben muss. Die Einrichtung hat also nebenbei auch noch ihren praktischen Wert. Es ist übrigens immer verfehlt, zu fragen, warum ist dies oder dies in der Natur so, denn ob Ihnen das passt oder nicht, Wertgeschätzter, die Natur ist dazu da, dass wir uns ihrer erfreuen, aber nicht, damit wir sie nun auf Herz und Nieren prüfen und Rechenschaft von ihr verlangen, warum dieses so und das so ist. Hier und da tut sie uns ja den Gefallen und erlaubt uns etwas Topfguckerei, aber ihr Kochbuch gibt sie schon nicht her; so dumm ist sie nicht. Denken Sie bloß dieses Unglück, wenn wir hinter alle ihre Geheimnisse kämen! Fünf Minuten nachher würden wir uns elend bei ihr mopsen. So, wie es ist, stehen wir uns bedeutend besser, können je nach Veranlagung und Neigung in tiefsinnigen Versen allerlei aus ihr heraus- oder in sie hineingeheimnissen und uns symbolistisch benehmen, oder ihr mit Geduld und Spezialstudium irgendeinen kleinen Kniff abluchsen und dadurch unser Selbstbewusstsein auf einen höheren Pegelstand bringen oder auch nur, wie heute, in erhebenden Bewusstsein, durch keine kalten wissenschaftlichen Kenntnisse belastet, so dahinzuschlendern, uns an den letzten goldenen Blättern der Birke, an dem leuchtenden Kupferrot der Jungbuchen, an dem bronzefarbigen Braun des Eichenlaubes, an der purpurnen Färbung des Hartriegels und an alle den frechen und schüchternen Tinten und Tönen erfreuen, mit denen sich die Blätter der Bäume und Büsche angetan haben. Mögen die Gedanken, die wir uns darüber machen, und die Theorien, die wir darüber aufstellen, auch wenig Beweiskraft für die strenge Wissenschaft und ihre noch strengeren Priester haben, das stört uns das Vergnügen sehr wenig, es macht uns Spaß, wir freuen uns an ihnen, wie wir uns freuen an bunthinwirbelnden Falllaub.

Hermann Löns

Stilles Reifen

Alles fügt sich und erfüllt sich,
musst es nur erwarten können
und dem Werden deines Glückes
Jahr und Felder reichlich gönnen.
Bis du eines Tages jenen
reifen Duft der Körner spürest
und dich aufmachst und die Ernte
in die tiefen Speicher führest.

Christian Morgenstern

Die Eiche

Der rasende Nordwind hatte seine Stärke in einer stürmischen Nacht an einer erhabenen Eiche bewiesen. Nun lag sie gestreckt, und eine Menge niedriger Gesträuche lagen unter ihr zerschmettert. Ein Fuchs, der seine Grube nicht weit davon hatte, sah sie des Morgens darauf.
„Was für ein Baum!“, rief er. „Hätte ich doch nimmermehr gedacht, dass er so groß gewesen wäre.“

Gotthold Ephraim Lessing

Heimkehr

In der ganzen Nachbarschaft sind plötzlich die Gardinen von den Fenstern verschwunden, und ich freue mich ob der sichtbar gewordenen Heimlichkeiten der vielen fremden Menschen, die mich gar nichts angehen und meine Nachbarn sind.
Über Nacht müssen sie gekommen sein, wie Zugvögel, deren Anwesenheit immer überraschend ist; Zugnachbarn sozusagen. Eines Morgens erwachte hinter der Tapetenwand, an der ich schlafe, eine Melodie, verworren noch und schläfrig, als wäre sie mit dem linken Fuß aus dem Klavier gestiegen. Es war eine Übungsmelodie, und ich erkannte die vertraute musikalische Frühandacht einer Heimgekehrten.
Seit jenem Morgen weiß ich, dass Fräulein Trude wieder da ist, und ich gestehe, dass mich ihre Anwesenheit beruhigt. Es ist gesund, zu wissen, dass sich in unserer näheren Umgebung keine aufregenden Ereignisse vollziehen, und insbeson-

dere keine Umwälzung. Wie leicht kommt es zum Beispiel in den Bergen vor, dass jemand abstürzt oder sich verlobt! Ich danke Gott, dass nichts dergleichen geschehen ist … Gegenüber in der ersten Etage ist auch die blonde Frau wieder am Fenster zu sehen. Frauen am Fenster sind immer anziehend, es ist, als würden sie jemanden erwarten – und wer kann wissen, ob sie nicht *mich* erwarten? Sie sehen aus wie Gefangene, und ich darf mir einbilden, dass ich sie vielleicht, ja wahrscheinlich befreien werde. Ich liebe Frauen am Fenster, und insbesondere die blonden.
Aber eigentlich liebe ich den Oktober, einen Monat, in dem die Gewohnheiten und Gewöhnlichkeiten wiederkehren, einen herrlichen Monat, gesetzt und ohne Fantastik. Ich weiß, dass ich im Oktober niemanden befreien werde, und erkenne die realen Grundlagen der Welt und meines Lebens. Ich liebe die Distanz von Fenster zu Fenster, weil sie die Er-

füllung unseliger Möglichkeiten ausschließt. Ich bin überhaupt sozusagen ein Distanzliebhaber. Hinter den geschlossenen Gardinen der fremden Fenster konnte Unglaubliches geschehen. Gespensterwandel oder Einbruch oder verschwiegene Orgie. Es war unheimlich, geschlossene Fenster zu sehen; wie ein Anblick gehender, aber zeigerloser Uhren oder die Gesellschaft eines Taubstummen. Nun ist es mir bewusst, dass nichts geschehen ist. Rote Kissen und weiße Bettlaken über fremden Fensterbrettern sind sehnsüchtigen Augen ein Labsal.

Jeden Morgen geht der Beamte wieder seinen Weg ins Büro. Er hat nicht einmal seinen Stock in der Sommerfrische vergessen, wo man doch derlei zu vergessen pflegt. Im Gegenteil: er klopft mit seinem Spazierstock auf die Pflastersteine, als wären es große Zuckerwürfel und als hätte er die Gewissheit, dass sie eines Tages ganz selbstverständlich auseinanderfallen werden. Die alte Dame mit dem Kapotthütchen, auf dem immer ein paar zerdrückte Glastrauben klimpern, trippelt wieder über die Straße. Wie leicht hätte ein Windstoß, wie er in Kurorten so häufig aufzutreten

pflegt, ein klimperndes Glasträubchen aus der Gesellschaft der übrigen reißen und entführen können – hui, weit in einen schwäneberuderten Teich! Aber nichts dergleichen! Ein zufälliger Spiegel in einem Wartesaal zweiter Klasse, oder ein gutmütiger alter Herr hätte der Frau leicht sagen können, dass sie ihren Hut hartnäckig schief aufsetzt und dass das Leben keine Maskerade ist. Haben die Windstöße aufgehört? Sind in den Wartesälen die Spiegel abgeschafft? Haben die alten Herren aufgehört, gutmütig und hilfreich zu sein? Ich kann auch nicht finden, dass Fritz gewachsen wäre. Unlängst ging er mit seiner Mutter und wollte ein Reißbrett haben. Seine Mutter aber fragte mich, ohne an Reißbretter nur zu denken, ob ich nicht sehe, wie groß Fritz in den paar Wochen geworden sei. Ich sagte selbstverständlich ja, aber ich log. Fritz wird wohl immer klein sein, ein Liliputaner vielleicht und im besten Fall ein überaus kurzstieliger Mensch. Und er hätte doch wirklich wachsen können! Was haben denn Kinder sonst in den Ferien zu tun?
Seit Jahr und Tag kommt der Herr mit dem grauen Plüschhut um dreiviertel zwölf nach Hause. Er

war zwei lange, unerhört lange Monate fort, aber er kommt immer nach dreiviertel zwölf nach Hause. Es ist nichts veränderlich in der Welt, und das oberste ihrer Gesetze ist das Gesetz der Trägheit. Wie aprilhaft schienen mir Mensch und Ding noch im Juni, ehe jene Fenstergardinen sich schlossen. Ich erwartete, dass der Herr mit Plüschhut schon um sechs Uhr, möglichst vor Sonnenuntergang, zu Hause sein würde; dass Fritz, ein Dutzend Reißbretter unter dem Arm, lang wie ein Laternenpfahl, über die Straße stochern würde; dass ein mächtiger Sturm alle Glastrauben der alten Dame weit über fremde Lande getragen, in blaue Seen geworfen hätte und dass sie jetzt im Begriff seien, über den großen Ozean zu schwimmen. Und ganz im Stillen hoffte ich, dass etwas passieren würde mit der blonden Frau am Fenster. So viele schöne Männer wandern im Sommer durch die Welt und halten Auslug nach wartenden Frauen. Wozu hat uns der liebe Gott den Sommer geschenkt?
Es ist gar nicht beruhigend im Oktober. Das Laub fällt mit einer unglaublichen Sicherheit von den Bäumen – und man könnte glauben, dass es ein gewöhnlicher Herbst ist, ein Oktober, in dem sich

die Welt auf ihre Nüchternheit besinnt. Aber mir bleiben die Menschen verdächtig. Wo waren sie? Was trieben sie? Seltsame Gefahren haben sie vielleicht erlebt, und ich teile nur ihre Wochentäglichkeiten. Die blonde Frau am Fenster verschweigt mir etwas. Manchmal glaube ich einen fremden Schimmer um die alte Frau mit dem Kapotthütchen spielen zu sehen, und – irre ich nicht – mengt sich eine seltsame Melodie in das Geklimper ihrer Glastrauben. Und vielleicht ist Fritz gewachsen?

Joseph Roth

Kastanienblatt

Herbst. Durch Frühlingslisten in den Wald gelockt und weiter gelockt ohne Umweg und Ausweg hinein in den Sommer, wie rasch verpatzt. Wie rasch Herbst. Erinnere dich. Auch Blätter kommen auf die Scheiterhaufen des Septembers. Lichteffekte haben genasführt, haben immer und immer wieder glauben gemacht, dass was einträfe, dass was zustande käme, aber was. Aber wodurch denn, lieber Himmel, ich frage. Hellgrün

wird Deftiggrün und wird dieses komische Braun, immer noch zu nichts entschlossen, immer noch auf den Ast gespießt. Wind, der aufkommen wird, Regen, der fallen wird, Frost, der ein Ende machen wird. Bedenke, Blatt, das Ende. Immer wie immer, kein Grund zur Beunruhigung, was dieses Blatt und was die andern Blätter angeht, die samt und sonders gutmütigen, birnförmigen, kindsköpfigen, eigensinnigen, die gegen Vergeblichkeiten abgehärteten. Der heute frisch und rot, kann morgen und geschwinder, drum bilde dir, o Sünder, ein täglich Sterben ein. Auch du, mein liebes Blatt, Laub und Unterholz desgleichen. Geschwinder und immer geschwinder. Aber schön war's, stimmt's? Aber was. Aber wozu. War das nötig. Musste das sein. War je was nötiger: Nische zwischen Zweig und Ast, erinnert sich etwa dein Finger nicht, das Läppchen Haut mit glänzendem Gedächtnis, lang her, lang genug, wer war drauf aus. Nein und ja zu jeder wiederkehrenden Einzelheit, Rippen, Spreiten, Nerven, Kopf in den Sand schützt vor nichts, Geringfügigkeiten sind nicht geringfügig genug. War's je schöner, war's je schlimmer als hier, erinnere dich an dieses unser sündiges Blattwappen. O Ewigkeit, du Schwert, das auch durch diesen Eindunster bohrt, Zeit ohne Zeit, deinen Rippen, Spreiten und Nerven geltend, o Sünder, o Assimilierer, dir ungewöhnlich zartem flächigem Teil des Pflanzenkörpers. Blatt, du alter Mann. Du muffiges Altersheim, alter Wald du, warte nur. Wo, ich frage dich, was war je besser und bittrer. Mein ganz erschrockenes Herz: wo erbebte es je vor größerer Traurigkeit. Aber Sonne noch und noch, streng dein Gedächtnis an. Gleichwohl ausreichende Nebel und kein Mangel an Regen aller Art, hatten wir gern was? Wenn ich dir sage. Dies und dies und dies: geht vorbei. An meiner, deiner und seiner Laufbahn Ende. Wenn mein, dein und sein Stündlein vorhanden ist. Aber schön war's. Aber ausdauernd war's. Aber 's war schlimm Himmel ja und war flüchtig. Was war je rascher rum, vergiss nicht. Herzlich tut uns verlangen. Was, was, aber was, ich frage uns, ich frage.

Gabriele Wohmann

Herbstgewitter über Dächern

Herbstgewitter über Dächern,
Schneegestöber voller Zorn,
Frühjahrssturm im Laub vom Vorjahr,
Sommerwind in reifem Korn.

Hätt' ich all das nie gesehen,
säh', für alles andre blind,
nur den Wind in deinen Haaren,
sagt' ich doch, ich kenn' den Wind.

Straßenlärm und Musikboxen
weh'n ein Lied irgendwo her.
Düsengrollen, Lachen, Rufen,
plötzlich Stille ringsumher.

Hätt' ich all das nie vernommen,
wär' für alles taub und hört'

nur ein Wort von dir gesprochen,
sagt' ich doch, ich hab' gehört.

Bunte Bänder und Girlanden,
Sonne nach durchzechter Nacht,
Neonlicht im Morgennebel,
kurz bevor die Stadt erwacht.

Wär' mir das versagt geblieben,
hätte ich nur dich gesehn,
schließ ich über dir die Augen,
sagt' ich doch, ich hab' gesehn.

Warten, Hoffen und Aufgeben,
Irren und Ratlosigkeit,
Zweifeln, Glauben und Verzeihen,
Freudentränen, Trunkenheit.

Hätt' ich all das nie erfahren,
hätt' ich all das nie erlebt,
schlief' ich ein in deinen Armen,
sagt' ich doch, ich hab' gelebt.

Reinhard Mey

Novembertag

Nebel hängt wie Rauch ums Haus,
drängt die Welt nach innen;
ohne Not geht niemand aus;
alles fällt in Sinnen.

Leiser wird die Hand, der Mund,
stiller die Gebärde.
Heimlich, wie auf Meeresgrund,
träumen Mensch und Erde.

Christian Morgenstern

Allerseelen

Stell' auf den Tisch die duftenden Reseden,
die letzten roten Astern trag' herbei
und lass uns wieder von der Liebe reden.
Wie einst im Mai.

Gib mir die Hand, dass ich sie heimlich drücke,
und wenn man's sieht, mir ist es einerlei;
gib mir nur einen deiner süßen Blicke,
wie einst im Mai.

Es blüht und funkelt heut' auf jedem Grabe,
ein Tag im Jahre ist den Toten frei;
komm' an mein Herz, dass ich dich wieder habe,
wie einst im Mai.

Hermann von Gilm zu Rosenegg

Heute war ein schöner, herbstlicher Morgen

Heute war ein schöner, herbstlicher Morgen. Ich ging durch die Tuilerien. Alles, was gegen Osten lag, vor der Sonne, blendete. Das Angeschienene war vom Nebel verhangen wie von einem lichtgrauen Vorhang. Grau im Grauen sonnten sich die Statuen in den noch nicht enthüllten Gärten. Einzelne Blumen in den langen Beeten standen auf und sagten: Rot, mit einer erschrockenen

Stimme. Dann kam ein sehr großer, schlanker Mann um die Ecke, von den Champs-Elysées her; er trug eine Krücke, aber nicht mehr unter die Schulter geschoben, – er hielt sie vor sich her, leicht, und von Zeit zu Zeit stellte er sie fest und laut auf wie einen Heroldstab. Er konnte ein Lächeln der Freude nicht unterdrücken und lächelte, an allem vorbei, der Sonne, den Bäumen zu. Sein Schritt war schüchtern wie der eines Kindes, aber ungewöhnlich leicht, voll von Erinnerung an früheres Gehen.

Rainer Maria Rilke

Du, dieses Jahres Abend, Herbst

Du, dieses Jahres Abend, Herbst,
sei meines Lebensabends Bild!
Wie langsam du den Hain entfärbst,
und deine Sonn' ist frühlingsmild:
Es lacht das grünende Gefild'
tief im Oktober ohne Frost,
und in der Traube schwillt der Most,
wie in der Brust Begeist'rung schwillt.

Friedrich Rückert

Sprüche

Es schüttelt die welken Blätter der Wald,
mich friert, ich bin schon alt,
bald kommt der Winter und fällt der Schnee,
bedeckt den Garten und mich und alles, alles Weh.

Joseph von Eichendorff

Die Zauberei im Herbste

Ritter Ubaldo war an einem heiteren Herbstabend auf der Jagd weit von den Seinigen abgekommen und ritt eben zwischen einsamen Waldbergen hin, als er von dem einen derselben einen Mann in seltsamer, bunter Kleidung herabsteigen sah. Der Fremde bemerkte ihn nicht, bis er dicht vor ihm stand. Ubaldo sah nun mit Verwunderung, dass derselbe einen sehr zierlichen und prächtig geschmückten Wams trug, der aber durch die Zeit altmodisch und unscheinlich geworden war. Sein

Gesicht war schön, aber bleich und wild mit Bart verwachsen.
Beide begrüßten einander erstaunt, und Ubaldo erzählte, dass er so unglücklich gewesen, sich hier zu verirren. Die Sonne war schon hinter den Bergen versunken, dieser Ort weit entfernt von allen Wohnungen der Menschen. Der Unbekannte trug daher dem Ritter an, heute bei ihm zu übernachten; morgen mit dem frühesten wolle er im den einzigen Pfad weisen, der aus diesen Bergen herausführe. Ubaldo willigte gern ein und folgte nun seinem Führer durch die öden Waldesschluchten.
Sie kamen bald an einen hohen Fels, in dessen Fuß eine geräumige Höhle ausgehauen war. Ein

großer Stein lag in der Mitte derselben, auf dem Stein stand ein hölzernes Kruzifix. Ein Lager von trockenem Laube füllte den Hintergrund der Klause. Ubaldo band sein Pferd am Eingange an, während sein Wirt stillschweigend Wein und Brot brachte. Sie setzten sich miteinander hin, und der Ritter, dem die Kleidung des Unbekannten für einen Einsiedler wenig passend schien, konnte sich nicht enthalten, ihn um seine früheren Schicksale zu befragen. – „Forsche nur nicht, wer ich bin", antwortete der Klausner streng, und sein Gesicht wurde dabei finster und unfreundlich. – Dagegen bemerkte Ubaldo, dass derselbe hoch aufhorchte und dann in ein tiefes Nachsinnen versank, als er selber nun anfing, mancher Fahrten und rühmlicher Taten zu erwähnen, die er in seiner Jugend bestanden. Ermüdet endlich streckte sich Ubaldo auf das ihm angebotene Laub hin und schlummerte bald ein, während sein Wirt sich am Eingang der Höhle niedersetzte.

Mitten in der Nacht fuhr der Ritter, von unruhigen Träumen geschreckt, auf. Er richtete sich mit halbem Leibe empor. Draußen beschien der Mond sehr hell den stillen Kreis der Berge. Auf dem Platz vor der Höhle sah er seinen Wirt unruhig unter den hohen, schwankenden Bäumen auf und ab wandeln. Er sang dabei mit hohler Stimme ein Lied, wovon Ubaldo nur abgebrochen ungefähr folgende Worte vernehmen konnte:

Aus der Kluft treibt mich das Bangen,
Alte Klänge nach mir langen –
Süße Sünde, lass mich los!
Oder wirf mich ganz darnieder,
Vor dem Zauber dieser Lieder
Bergend in der Erde Schoß!

Gott! Inbrünstig möcht ich beten,
Doch der Erde Bilder treten
Immer zwischen dich und mich,
Und ringsum der Wälder Sausen
Füllt die Seele mir mit Grausen,
Strenger Gott! ich fürchte dich.

Ach! So brich auch meine Ketten!
Alle Menschen zu erretten,
Gingst du ja in bittern Tod.
Irrend an der Hölle Toren,

Ach, wie bald bin ich verloren!
Jesus, hilf in meiner Not!

Der Sänger schwieg wieder, setzte sich auf einen Stein und schien einige unvernehmliche Gebete herzumurmeln, die aber vielmehr wie verwirrte Zauberformeln klangen. Das Rauschen der Bäche von den nahen Bergen und das leise Sausen der Tannen sang seltsam mit darein, und Ubaldo sank, vom Schlafe überwältigt, wieder auf sein Lager zurück.
Kaum blitzten die ersten Morgenstrahlen durch die Wipfel, als auch der Einsiedler schon vor dem Ritter stand, um ihm den Weg aus den Schluchten zu weisen. Wohlgemut schwang sich Ubaldo auf sein Pferd, und sein sonderbarer Führer schritt schweigend neben ihm her. Sie hatten bald den Gipfel des letzten Berges erreicht, da lag plötzlich die blitzende Tiefe mit Strömen, Städten und Schlössern im schönsten Morgenglanze zu ihren Füßen. Der Einsiedler schien selber überrascht. „Ach, wie schön ist die Welt!“, rief er bestürzt aus, bedeckte sein Gesicht mit beiden Händen und eilte so in die Wälder zurück. – Kopfschüttelnd

schlug Ubaldo nun den wohlbekannten Weg nach seinem Schlosse ein.
Die Neugierde trieb ihn indessen gar bald von Neuem nach der Einöde, und er fand mit einiger Mühe die Höhle wieder, wo ihn der Klausner diesmal weniger finster und verschlossen empfing. Dass derselbe schwere Sünden redlich abbüßen wolle, hatte Ubaldo wohl schon aus jenem nächtlichen Gesange entnommen, aber es kam ihm vor, als ob dieses Gemüt fruchtlos mit dem Feinde ringe; denn in seinem Wandel war nichts von der

heiteren Zuversicht einer wahrhaft gottergebenen Seele, und gar oft, wenn sie im Gespräch beieinander saßen, brach eine schwer unterdrückte irdische Sehnsucht mit einer fast furchtbaren Gewalt aus den irre flammenden Augen des Mannes, wobei alle seine Mienen sonderbar zu verwildern und sich gänzlich zu verwandeln schienen.

Dies bewog den frommen Ritter, seine Besuche öfter zu wiederholen, um den Schwindelnden mit der ganzen, vollen Kraft eines ungetrübten, schuldlosen Gemüts zu umfassen und zu erhalten. Seinen Namen und früheren Wandel verschwieg der Einsiedler indes fortdauernd, es schien ihm vor der Vergangenheit zu schaudern. Doch wurde er mit jedem Besuche sichtbar ruhiger und zutraulicher. Ja, es gelang dem guten Ritter endlich sogar, ihn einmal zu bewegen, ihm nach seinem Schlosse zu folgen.

Es war schon Abend geworden, als sie auf der Burg anlangten. Der Ritter ließ daher ein wärmendes Kaminfeuer anlegen und brachte von dem besten Wein, den er hatte. Der Einsiedler schien sich hier zum ersten Male ziemlich behaglich zu fühlen. Er betrachtete sehr aufmerksam ein

Schwert und andere Waffenstücke, die im Widerscheine des Kaminfeuers funkelnd dort an der Wand hingen, und sah dann wieder den Ritter lange schweigend an. „Ihr seid glücklich“, sagte er, „und ich betrachte Eure feste, freudige männliche Gestalt mit wahrer Scheu und Ehrfurcht, wie Ihr Euch, unbekümmert durch Leid und Freud, bewegt und das Leben ruhig regieret, während Ihr Euch demselben ganz hinzugeben scheint, gleich einem Schiffer, der bestimmt weiß, wo er hinsteuern *soll*, und sich von dem wunderbaren Liede der Sirenen unterwegs nicht irremachen lässt. Ich bin mir in Eurer Nähe schon oft vorgekommen wie ein feiger Tor oder wie ein Wahnsinniger. – Es gibt vom Leben *Berauschte* – ach, wie schrecklich ist es, dann auf einmal wieder nüchtern zu werden!“

Der Ritter, welcher diese ungewöhnliche Bewegung seines Gastes nicht unbenutzt vorbeigehen lassen wollte, drang mit gutmütigem Eifer in denselben, ihm nun endlich einmal seine Lebensgeschichte zu vertrauen. Der Klausner wurde nachdenkend. „Wenn ihr mir versprecht“, sagte er endlich, „ewig zu verschweigen, was ich Euch erzähle, und mir erlaubt, alle Namen wegzulassen, so will ich es tun." Der Ritter reichte ihm die Hand und versprach ihm freudig, was er forderte, rief seine Hausfrau, deren Verschwiegenheit er verbürgte, herein, um auch sie an der von beiden lange ersehnten Erzählung teilnehmen zu lassen. Sie erschien, ein Kind auf dem Arme, das andere an der Hand führend. Es war eine hohe, schöne Gestalt in verblühender Jugend, still und mild wie die untergehende Sonne, noch einmal in den lieblichen Kindern die eigene versinkende Schönheit abspiegelnd. Der Fremde wurde bei ihrem Anblick ganz verwirrt. Er riss das Fenster auf und schaute einige Augenblicke über den nächtlichen Waldgrund hinaus, um sich zu sammeln. Ruhiger trat er darauf wieder zu ihnen; sie rückten alle dichter um den lodernden Kamin, und er begann folgendermaßen:

„Die Herbstsonne stieg lieblich wärmend über die farbigen Nebel, welche die Täler um mein Schloss bedeckten. Die Musik schwieg, das Fest war zu Ende, und die lustigen Gäste zogen nach allen Seiten davon. Es war ein Abschiedsfest, das ich meinem liebsten Jugendgesellen gab, welcher heute mit seinem Häuflein dem heiligen Kreuze zuzog, um dem großen christlichen Heere das gelobte Land erobern zu helfen. Seit unserer frühesten Jugend war dieser Zug der einzige Gegenstand unserer beiderseitigen Wünsche, Hoffnungen und Pläne, und ich versenke mich noch jetzt oft mit einer unbeschreiblichen Wehmut in jene stille, morgenschöne Zeit, wo wir unter den hohen Linden auf dem Felsenabhange meines Burgplatzes zusammensaßen und in Gedanken den segelnden Wolken nach jenem gebenedeiten Wunderlande folgten, wo Gottfried und die anderen Helden in lichtem Glanze des Ruhmes lebten und stritten. – Aber wie bald verwandelte sich alles in mir!

Ein Fräulein, die Blume aller Schönheit, die ich nur einige Mal gesehen und zu welcher ich, ohne dass sie davon wusste, gleich von Anfang eine unbezwingliche Liebe gefasst hatte, hielt mich in dem stillen Zwinger dieser Berge gebannt. Jetzt, da ich stark genug war, mitzukämpfen, konnte ich nicht scheiden und ließ meinen Freund allein ziehen.

Auch sie war bei dem Feste zugegen, und ich schwelgte vor übergroßer Seligkeit in dem Widerglanze ihrer Schönheit. Nur erst, als sie des Morgens fortziehen wollte und ich ihr auf das Pferd half, wagte ich, es ihr zu entdecken, dass ich nur ihretwillen den Zug unterlassen. Sie sagte nichts darauf, aber blickte mich groß und, wie es schien, erschrocken an und ritt dann schnell davon." –

Bei diesen Worten sahen der Ritter und seine Frau einander mit sichtbarem Erstaunen an. Der Fremde bemerkte es aber nicht und fuhr weiter fort:

„Alles war nun fortgezogen. Die Sonne schien durch die hohen Bogenfenster in die leeren Gemächer, wo jetzt nur noch meine einsamen Fuß-

tritte widerhallten. Ich lehnte mich lange zum Erker hinaus; aus den stillen Wäldern unten schallte der Schlag einzelner Holzhauer herauf. Eine unbeschreiblich sehnsüchtige Bewegung bemächtigte sich in dieser Einsamkeit meiner. Ich konnte es nicht länger aushalten, ich schwang mich auf mein Ross und ritt auf die Jagd, um dem gepressten Herzen Luft zu machen.
Lange war ich umhergeirrt und befand mich endlich zu meiner Verwunderung in einer mir bis jetzt noch ganz unbekannt gebliebenen Gegend des Gebirges. Ich ritt gedankenvoll, meinen Falken auf der Hand, über eine wunderschöne Heide, über welche die Strahlen der untergehenden Sonne schrägblitzend hinfuhren; die herbstlichen Gespinste flogen wie Schleier durch die heitere

blaue Luft; hoch über die Berge weg wehten die Abschiedslieder der fortziehenden Vögel.
Da hörte ich plötzlich mehrere Waldhörner, die in einiger Entfernung von den Bergen einander Antwort zu geben schienen. Einige Stimmen begleiteten sie mit Gesang. Nie noch vorher hatte mich Musik mit solcher wunderbaren Sehnsucht erfüllt als diese Töne, und noch heute sind mir mehrere Strophen des Gesanges erinnerlich, wie sie der Wind zwischen den Klängen herüberwehte:

Über gelb und rote Streifen
Ziehen hoch die Vögel fort.
Trostlos die Gedanken schweifen,
Ach! sie finden keinen Port,
Und der Hörner dunkle Klagen
Einsam nur ans Herz dir schlagen.

Siehst du blauer Berge Runde
Ferne überm Walde stehn,
Bäche in dem stillen Grunde
Rauschend nach der Ferne gehn?
Wolken, Bäche, Vögel munter,
Alles ziehet mit hinunter.

Golden meine Locken wallen,
Süß mein junger Leib noch blüht –
Bald ist Schönheit auch verfallen,
Wie des Sommers Glanz verglüht,
Jugend muss die Blüten neigen,
Rings die Hörner alle schweigen.

Schlanke Arme zu umarmen,
Roten Mund zum süßen Kuss,
Weiße Brust, dran zu erwarmen,
Reichen, vollen Liebesgruß
Bietet dir der Hörner Schallen,
Süßer! komm, eh sie verhallen!

Ich war wie verwirrt bei diesen Tönen, die das ganze Herz durchdrangen. Mein Falke, sobald sich die ersten Klänge erhoben, wurde scheu, schwang sich wildkreischend auf, hoch in den Lüften verschwindend, und kam nicht wieder. Ich aber konnte nicht widerstehen und folgte dem verlockenden Waldhornsliede immerfort, das sinnenverwirrend bald wie aus der Ferne klang, bald wieder mit dem Winde näherschwellte.
So kam ich endlich aus dem Walde heraus und er-

blickte ein blankes Schloss, das auf einem Berge vor mir lag. Rings um das Schloss, vom Gipfel bis zum Walde hinab, lachte ein wunderschöner Garten in den buntesten Farben, der das Schloss wie ein Zauberring umgab. Alle Bäume und Sträucher in demselben, vom Herbste viel kräftiger gefärbt als anderswo, waren purpurrot, goldgelb und feuerfarben; hohe Astern, diese letzten Gestirne des versinkenden Sommers, brannten dort im mannigfaltigsten Schimmer. Die untergehende Sonne warf gerade ihre Strahlen auf die liebliche Anhöhe, auf die Springbrunnen und die Fenster des Schlosses, die blendend blitzten.

Ich bemerkte nun, dass die Waldhornklänge, die ich vorhin gehört, aus diesem Garten kamen, und mitten in dem Glanze unter wilden Weinlaubranken sah ich, innerlichst erschrocken – das Fräulein, das alle meine Gedanken meinten, zwischen den Klängen, selber singend, herumwandeln. Sie schwieg, als sie mich erblickte, aber die Hörner klangen fort. Schöne Knaben in seidenen Kleidern eilten herab und nahmen mir das Pferd ab.

Ich flog durch das zierlich übergoldete Gittertor auf die Terrasse des Gartens, wo meine Geliebte

stand, und sank, von so viel Schönheit überwältigt, zu ihren Füßen nieder. Sie trug ein dunkelrotes Gewand; lange Schleier, durchsichtig wie die Sommerfäden des Herbstes, umflatterten die goldgelben Locken, von einer prächtigen Aster aus funkelnden Edelsteinen über der Stirn zusammengehalten.
Liebreich hob sie mich auf, und mit einer rührenden, wie vor Liebe und Schmerz gebrochenen Stimme sagte sie: ‚Schöner, unglücklicher Jüngling, wie lieb ich dich! Schon lange liebt ich dich, und wenn der Herbst seine geheimnisvolle Feier beginnt, erwacht mit jedem Jahre mein Verlangen mit neuer, unwiderstehlicher Gewalt. Unglücklicher! Wie bist du in den Kreis meiner Klänge gekommen? Lass mich und fliehe!'
Mich schauderte bei diesen Worten, und ich beschwor sie, weiter zu reden und sich näher zu erklären. Aber sie antwortete nicht, und wir gingen stillschweigend nebeneinander durch den Garten. Es war indes dunkel geworden. Da verbreitete sich eine ernste Hoheit über ihre ganze Gestalt. ‚So wisse denn', sagte sie, ‚dein Jugendfreund, der heute von dir geschieden ist, ist ein Verräter.

Ich bin *gezwungen* seine verlobte Braut. Aus wilder Eifersucht verhehlte er dir seine Liebe. Er ist nicht nach Palästina, sondern kommt morgen, um mich abzuholen und in einem abgelegenen Schlosse vor allen menschlichen Augen auf ewig zu verbergen. – Ich muss nun scheiden. Wir sehen uns nie wieder, wenn er nicht stirbt.'

Bei diesen Worten drückte sie einen Kuss auf meine Lippen und verschwand in den dunklen Gängen. Ein Stein aus ihrer Aster funkelte im Weggehen kühlblitzend über meinen beiden Augen; ihr Kuss flammte mit fast schauerlicher Wollust durch alle meine Adern.

Ich überdachte nun mit Entsetzen die fürchterlichen Worte, die sie beim Abschied wie Gift in mein gesundes Blut geworfen hatte, und irrte, lange nachsinnend, in den einsamen Gängen umher. Ermüdet warf ich mich endlich auf die steinernen Staffeln vor dem Schlosstor; die Waldhörner hallten noch fort, und ich schlummerte unter seltsamen Gedanken ein.

Als ich die Augen aufschlug, war es heller Morgen. Alle Türen und Fenster des Schlosses waren fest verschlossen, der Garten und die ganze Gegend still. In dieser Einsamkeit erwachte das Bild der Geliebten und die ganze Zauberei des gestrigen Abends mit neuen morgenschönen Farben in meinem Herzen, und ich fühlte die volle Seligkeit, wiedergeliebt zu werden. Manchmal wohl, wenn mir jene furchtbaren Worte wieder einfielen, wandelte mich ein Trieb an, weit von hier zu fliehen; aber der Kuss brannte noch auf meinen Lippen, und ich konnte nicht fort."

Joseph von Eichendorff

Herbstwinter in Meran

Oktoberwende hat längst die letzten Trauben von den Reben gelöst, aber noch glühen die Weingärten in einem sanften und doch feurigen Licht. Blatt an Blatt leuchtet blank und messingfarben und immer, wenn eine sanfte Brise die zitternden umlegt, meint man, sie klingen zu hören wie feine metallene Scheiben. Dunkler sieht der Herbst ins Land. Die Berge haben schon Schnee auf dem Scheitel, doch ihre Brust liegt noch frei und grün

und leuchtend umschnürt ihre tiefe Hüfte der farbige Gurt der Weinberge. Ganz weit scheint der Winter noch. Nur die Höhen, die weiter in die Ferne schauen, scheinen ihn bereits erspäht zu haben, das Tal freut sich tief der Sonne und wird nur feuriger in den herbstlichen Farben. Wie brennende Büschel flackern einzelne Bäume rote Warnung ins Land, rostfarben leuchten die Stämme und das heitere Gelb der welken Blätter mengt sich fröhlich ins dunkle Grün der Matten. Unwandelbar aber schließt oben der blaue Himmel mit einem weiten, voll ausgespannten Klang den bunten Reigen der Farben. Es ist ein Herbst ohne Ende, ein Herbst ohne Bitterkeit, der hier langsam

Winter wird und – man fühlt es schon – ein milder geruhiger Winter, ohne Härte und Harm.
Es ist mir nicht neu, das vielfältige Farbenspiel dieser Landschaft. Oft habe ich sie schon so gesehen im Zauber des Übergangs, immer beglückt und immer neu begeistert. Aber immer nur wie etwa ein Maler es sehen mag, froh der Reinheit der Luft und der seligen Klarheit der Farben und fraglos hingegeben im sanften Genießen. Doch heute lüstet es mich, die Schönheit nach ihrem Sinn zu fragen, denn es gibt Stunden, da der Genuss eine Rechenschaft fordert und selbst die Beglückung noch ihren Sinn. Ich sehe in ihre heiteren Züge hinein und frage das eigene Herz, noch heiß in Entzücken, warum gerade ihr diese seltsame Macht gegeben ist, so reine Beruhigung in mir auszubreiten und von ihrer sanften Heiterkeit einen Widerschein in mich zu streuen. Ich weiß gewaltigere, gekrönt mit den heroischen Insignien großer Vergangenheit, Landschaften, die das Meer zu ihren Füßen haben, das unendliche, oder einen See, ständig das Bild ihrer Anmut zu spiegeln, Landschaften, die wie urweltliche versteinerte Gedanken sind, Tragödien aus Fels und

Wald. Ich sehe sie an, suchend, an hundert Stellen ihre Schönheit zu fassen und nichts Einzelnes gibt Antwort. Denn nichts in ihr ist eigentlich sonderbar oder einzigartig, nichts reißt herrisch den Blick an sich, freundlich lässt ihn eine Linie in die andere fließen. Und diese Harmonie des Übergangs ist ihre Magie. Denn alle Elemente der Schönheit sind nicht nur verteilt im Meraner Tal, sondern auch vereint. Sie hat Größe und Gewalt, diese Landschaft am Fuße der nordischen Alpen, aber eine, die nicht drückt und beschwert: schieben sich die Berge in ihrem Rücken wie zornige Falten auf der Stirn eines Giganten drohend zusammen, scheint von allen Seiten Begrenzung dem Blick zu drohen, nach Süden tut sich die verschlossene Landschaft unendlich auf, ein sonniges Tal führt den Blick, den befreiten, heiter fruchtbare Felder ins Ferne entlang. Sie ist großartig, diese Landschaft, und doch nicht streng, ihre Nähe schön und ihre Ferne erhaben. Ihr felsiger Bau beängstigt nicht wie etwa eine verschlossene Gebirgslandschaft, deren schroffe Felsen sich einem schließlich um das Herz bauen, ihre Weite ermüdet nicht, weil sie nicht flach ins Ferne rinnt, sondern überall den

Höhen sich verkettet. Alles ist Übergang in diesem Anblick. Die Stadt selbst, uralt, mit ihren Laubengängen und Herrensitzen und doch geschmackvoll in den neuen Villen und Burgen, fügt Vergangenheit und Gegenwart in eine gesellige Gemeinsamkeit. Weiß und doch schon grün durchädert von den Parken und Anlagen klettert sie langsam in die Wiesen und Weinreben hinein, die selbst wieder aufsteigend hinschwinden in den dunklen Wald. Dieser wieder verliert sich klimmend in den Fels, dessen Grau mählich mit dem kühlen Weiß des Firnenschnees sich überstäubt, und diese höchste zackige Linie wiederum zeichnet sich rein ins unendliche Blau. So klar und rein entfaltet sich hier der Fächer der Farben, nichts befeindet sich, alle Gegensätze sind harmonisch gelöst. Norden und Süden, Stadt und Landschaft, Deutschland und Italien, alle diese scharfen Kontraste gleiten sanft ineinander, selbst das Feindlichste scheint hier gesellig und vertraut. Nirgends ist eine brüske Bewegung in der Landschaft, nirgends eine zerrissene abgesprengte Linie: wie mit runder, ruhiger Schrift hat die Natur hier mit bunten Lettern das Wort Frieden in die Welt geschrieben.

Meisterschaft des Übergangs: das ist die Gewalt dieser Südtiroler Täler. Und nicht nur in der Struktur, in ihrem eigenen Leben ist der Wandel der Erscheinung bezwungen, auch der Umschwung der Jahreszeiten, der Himmel, unter dem sie ruhen, scheint gebändigt von ihrer beruhigenden Gewalt. Die Jahreszeiten, die vier feindlichen Schwestern, hier halten sie sich noch friedlich Hand an Hand, leise umwandelnd im Reigen. Sie stoßen sich nicht zornig weg, eine der anderen den Platz zu rauben, sondern geben sich wie einen bunten Ball diese Welt weiter im heiteren Spiel. So weiß ich's nicht zu sagen, ob jetzt noch Herbst ist oder Winter schon, fast vermeint man, Höhe und Tiefe, Fels und Tal hätten sich hier geeint, beide gleichzeitig zu empfangen.

Oben auf den Firnen glänzt schon der Schnee, auf wilden Stürmen sprengt der Winter durch die Tannen hin, indes unten das Tal in durchsonnter Luft golden funkelt und einen südlichen Sommer, eine ewige Jugend zu den grauen Felsen emporspiegelt. Und im Sommer wiederum, wenn der Juli im überhitzten Kessel der Tiefe brodelt, glänzt oben auf dem Vigiljoch und der Mendel ein heller Frühling durch die fast winterlich kühle, würzige Luft. So mildert hier immer die doppelte Welt das Übermaß der Jahreszeiten durch die nachbarliche Gegenwart der anderen, und selbst an einem einzigen Tage, im Kreise weniger Stunden, vermag man hier beide zu empfinden, den Winter am Morgen, den Frühling zu Mittag, wenn die Sonne den weißen Reif weggetrunken und ihre freundliche Wärme über das Tal gebreitet hat. Geschwisterlich sind hier die Jahreszeiten. Wie auf einem antiken Bild, geschmückt mit den bunten Allegorien der Früchte, wandeln sie dahin und verstatten das freundliche Wunder, ihnen vereint zu begegnen.

Dieses Wunder hat die Landschaft von Meran vollbracht dadurch, dass sie den Störenfried verbannte, den Wind. Denn der Wind ist es allein, der die Jahreszeiten gewaltsam trennt, der ihren ruhigen Reigen jäh auseinanderreißt. Wie oft hat man's im Norden erlebt; nachts haben die Fenster geklirrt, ein Heulen war in den Straßen, ein Schreien und ein Kampf, und erst am nächsten Morgen wenn der Schnee weiß über den Dächern lag, wusste man's, der Herbst war entführt worden für ein ganzes langes Jahr, weggerissen von unsichtbaren Ketten. Und so gewalttätig stürzt der Sturm den Frühling wieder über den Winter und den Winter wieder über den Herbst. Mit einem Ruck reißt er den schlotternden Bäumen ihr gelbes Gewand ab und streut es in die Ferne, mit jähem Stoß schleudert er den Schnee von den Bergen, dass die Flüsse aufschäumen und rasend ins Tal rollen. Weggepeitscht in wildem Erschrecken entflieht vor ihm jede Jahreszeit, man erschrickt und staunt unvermutet über das neue Antlitz der Erde und ist befremdet, ehe man sich gewöhnt. Hier aber wehrt die Landschaft mit hohen Schultern seinem zornigen Ansturm. Nicht plötzlich ist der Übergang, sondern unmerklich zart, fast wie Musik. Jeden Tag spannt die Sonne jetzt etwas enger ihren Bogen, jede Nacht entsaugt der Frost den Blättern einen Tropfen grünen Blutes. Erst beginnen sie zu gilben, dann rosten sie zu einem bräunlichen Rot, dann erst schrumpfen und welken sie, um schließlich, wenn sie ganz schwach und müde sind, schläfrig vom Baum zu taumeln und auf die Erde zu sinken in sanftem kreisenden Flug. Aber sie wehen nicht fort, sondern sinken nur matt zu den Füßen und umscharen weich den entlaubten Stamm, als wollten sie mit ihrem welken Laub noch die Wurzeln für den neuen Frühling wärmen. Und so wie jedes einzelne Blatt hat auch die ganze Landschaft hier ihr volles Farbenspiel und verstattet, dass man den Herbst, den Winter nicht wie eine Überraschung empfinde, wie einen Überfall, sondern geruhig wie ein Schauspiel genieße. Frucht auf Frucht fällt hin, Farbe um Farbe lischt mählich aus, aber niemals legt sich der Schnee weiß und tot zwischen Welken und Blühen, und dem Absterben nähert sich schon der Neubeginn. Unentwegt hält der Efeu aber dazwischen überall seine grüne Wacht bis zum Frühjahr, da die Farben wieder zart einsetzen. Keine Pause ist hier im anregenden Spiel der Farben und des Lichts, nur

Übergang, eine sanft anklingende und sanft wieder abschwellende Harmonie.
Dies ist das eine Geheimnis Meraner Schönheit, die Feindschaft mit dem Wind, und das zweite ihre rege Freundschaft mit der Sonne. Meran lebt vom Licht, und man fühlt's nie stärker als an einem Regentag, wenn all ihre heiteren Züge wie in Tränen untergehen und die Ferne wolkig ihr Haupt verhüllt. Die Farben leuchten dann nur stumpf, wie durch eine Mattscheibe, die Menschen mit dem regen Bunt ihrer Gewandung verbergen sich in den Häusern, der Sinn der Stunden ist verwirkt, man findet seine innere Beziehung zu der gestern noch so nahen Schönheit nicht mehr. Meran lebt nur im Licht. Denn die Sonne hat hier eine seltsam, fast mythische

Macht; sie zählt die Stunden, sie gliedert den Tag, sie nährt die Kranken mit Hoffnung und die Früchte mit heißem Blut. Erst wenn sie aufglänzt, beginnt der Tag, wenn sie niedersinkt, ist er vorbei. Mit glühendem Zirkel misst sie die Stunden zu, breiter im Sommer, enger im Winter, immer aber geregelt und genau, und jeder misst seine Zeit an ihr. Ist man ein wenig eingewohnt in Meran, so kann man bald die Uhr entbehren, denn die Rosawolke auf dem Berg, die vorauseilend die Sonne ankündigt, deutet eine bestimmte Stunde und wieder eine den Augenblick, wenn sie mit ihrem schrägen Strahl jetzt jenes Kirchendach erreicht, und jene wieder, wenn ihr Leuchten endlich bis in die Passer niederfunkelt. Und so wieder, wenn dieses Haus in Schatten sinkt und dann jenes: allmählich verwandeln sich dem wissenden Blick alle einzelnen Punkte der Landschaft zu Zahlen eines Ziffernblattes, an dem man das Steigen und Neigen der Stunde zu erkennen vermag. Eine ungeheure Sonnenuhr ist die ganze Landschaft, und diese sichtbare Regelmäßigkeit hat einen wundervollen Reiz für jeden, der schon dem heiligen Zeichen der Himmelsuhr sich entfremdet hat. Denn wir in den Städten spüren Morgen und Abend kaum anders als im Zimmerlicht, wir wissen, dass es Nacht wird, wenn uns die Zeile im Buch zerrinnt und wir das Licht zünden müssen, und vergessen ganz die spendende Kraft, der alles Licht entstammt und die dort so unablässig sinnlich gegenwärtig ist. Hier dämmert der Morgen nur müßig hin bis zum Augenblick, da sich die Sonne von den Bergen ins Tal getastet hat. Dann erst wird sie wach, die Welt, mit einem Male sind Menschen auf den Straßen, Musik sammelt sie auf der Promenade und in den Gärten, denen das Licht mit raschem Finger die Feuchte des Frostes abstreift und die sommerlich plötzlich leuchten, als wollten sie noch einmal aufzublühen beginnen, mit Blumen und Früchten. Alles drängt sich heran, Sonne zu trinken, die ganze Stadt ist ihr gleichsam zugewandt, südwärts halten die Häuser ihre Balkone und Terrassen entgegen, auf denen, großen Sonnenblumen nicht unähnlich, das Rund der Schirme über den Kranken wacht. Nur wenn die Sonne hier wach ist und nur solange sie das Tal mit ihren warmen Wellen badet, dauert hier der Tag. Goldene Kugeln, glühende und große im Sommer, mattblinkende und kleine im Winter, rollen diese Sonnenstunden von Berg zu Berg, das ganze Leben in vielfaches Spiegelbild einschließend, rollen es aus Nacht wieder in Nacht zurück. Sinkt die Sonne hinter dem Berg, so fällt die Dämmerung kühl und rasch wie ein feiner, grauer Aschenregen. Alles wird anders. Die Luft, die von der Sonne durchfiltert, weich und golden sich anfühlte, wird plötzlich schneekühl, die Farben erlöschen und die Menschen verschwinden. Immer ist hier in der Dämmerung eine viertel, halbe Stunde gleichsam des Erschreckens, ein Niedersturz ins Dunkle, so plötzlich und überraschend, wie wenn man in einem Eisenbahnzuge aus dem Betrachten schöner, sonniger Landschaft plötzlich in einem Tunnel sich alles entrissen fühlt und mit befremdeten Augen in eine unerwartete Nacht starrt. Aber Beruhigung beginnt, sobald die Lichter in den Häusern zu funkeln anheben und, wohnt man auf der Höhe, so ist es unbeschreiblich schön zu sehen, wie das tiefe Tal nun von tausend Funken durchglüht ist. Ein Sternenreigen, flirren sie unten in der Tiefe, dazwischen die kleinen Monde der elektrischen Bogenlampen und matt glänzend in ihrer Mitte wie eine Milchstraße die schäumige Passer. Wie ein Spiegel hält unten der irdische Sternenhimmel dem Unendlichen sein Bild zurück, eine Welt ahmt die andere nach, und oben am Rande der Berge funkelt manches Licht der Höhe schon kühn in das Ewige hinein. Nun erst fühlt man in dieser Landschaft, deren heiterer Sonnenblick tagsüber nur Milde offenbart, die innere Strenge, nun erst in der immer tieferen Stille vernimmt man ihre Rede, das stürzende Brausen des Flusses. Sah man tags nur ihr Lächeln, nun hört man ihr Herz.

Stefan Zweig

In Dankbarkeit bewahren

Mögest du in deinem Herzen
das vergangene Jahr
in Dankbarkeit bewahren.

Mit jedem Jahr wachsen die Gaben,
die Gott dir schenkte,
um alle, die du liebst,
mit Freude zu erfüllen.

In jeder Stunde,
Freude und Leid,
lächelt der Menschgewordene
dir zu –
bleib du in seiner Nähe.

Irischer Segenswunsch

Inhaltsverzeichnis

Novembertag

Quellenverzeichnis

Texte

Hermann Hesse, Der Flieger [hier unter dem Titel „Herbst“ veröffentlicht], aus: Hermann Hesse, Sämtliche Werke in 20 Bänden. Herausgegeben von Volker Michels. Band 9: Märchen und Legenden. © Suhrkamp Verlag Frankfurt am Main 2002. Alle Rechte bei und vorbehalten durch Suhrkamp Verlag Berlin.

Erich Kästner, Der September, aus: Die 13 Monate © Atrium Verlag, Zürich 1955 und Thomas Kästner.

Karl Krolow, Biografie des Herbstes, aus: Karl Krolow, Minuten-Aufzeichnungen. Suhrkamp Verlag, Frankfurt am Main 1968 © Peter Krolow.

Reinhard Mey, Herbstgewitter über Dächern, aus: Reinhard Mey, Alle Lieder, © Edition Reinhard Mey, Berlin

Erwin Strittmatter, Vogelzug aus: Erwin Strittmatter, Schulzenhofer Kramkalender. © Aufbau Verlag GmbH &Co KG, Berlin 2066 (die Originalausgabe erschien 1966 im Aufbau-Verlag; Aufbau ist eine Marke der Aufbau Verlag GmbH & Co. KG).

Eva Strittmatter, Lied I und Oktobernacht, aus: E. Str.: SÄMTLICHE GEDICHTE, Aufbau Verlag, 2006 (Diese Gedichte erschienen erstmals 1977 in Eva Strittmatters Gedichtband DIE EINE ROSE ÜBERWÄLTIGT ALLES) © Aufbau Verlag GmbH & Co. KG Berlin 1977, 2006.

Gabriele Wohmann, Kastanienblatt, aus: Alles zu seiner Zeit. Verlag Eremiten-Presse, Düsseldorf 1958. © Alle Rechte bei der Autorin.

Wir danken allen Inhabern von Text- und Bildrechten für die Abdruckerlaubnis. Der Verlag hat sich bemüht, alle Rechteinhaber in Erfahrung zu bringen. Für zusätzliche Hinweise sind wir dankbar.

Bilder

Umschlag: © Lilkar/Shutterstock

Seite 2: Ian, 6/7 Leonid Tit, 9 kotomiti, 12/13 EastVillageImages, 15 Jag_cz, 19 Visions-AD, 23 Jarsolav Grudzinski, 24/25 Wajan, 27 Ian_2010, 30/31 Alexey Protasov, 33 pitrs, 36 Silverstream, 37 Iakov Kalinin, 38/39 Tomas Sereda, 40/41 Jijun, 43 eyetronic, 45 Smileus, 47 likephotoman, 48/49 Leonid Tit, 53 LiliGraphie, 55 Stefan Körber, 59 neirfy, 61/61 Ovidiu Iordachi, 63 drubig-photo, 69 sborisov, 70/71 LianeM, 73 katarinagondova, 77, RCphoto, 78/79 ARTENS, 81 womue, 84/85 Delmas Lehman, 87 sborisov, 88/89 Smileus, 91 Mirko, 92/93 Leonid Tit, 97 womue, 102/103 nicolashan, 109 Alexander Raths, 111 sborisov, 112/113, TTstudio, 119 felinda, 121, neirfy, 127 Leonid Tit (alle © www.Fotolia.de)

Wir danken allen Inhabern von Text- und Bildrechten für die Abdruckerlaubnis. Der Verlag hat sich bemüht, alle Rechteinhaber in Erfahrung zu bringen. Für zusätzliche Hinweise sind wir dankbar.